QUE DICEN Y HACEN LOS LÍDERES

Cómo inspirar a tu tribu

Ilka V. Chavez

ISBN: 978-0-9992765-1-8

Impreso en la República de Panamá

"Si tus acciones crean un legado que inspira a otros a soñar más, aprender más, hacer más y ser más, entonces eres un líder excelente."
– Dolly Parton

Dedicatoria

Proverbios 22:6 (NVI)
"Instruye al niño en el camino correcto, y aún en su vejez no lo
abandonará."

Dedico este libro a mis dos hijos, Gabrielle F. Chavez, hija y Rodolfo A. Chávez, hijo. Ellos me inspiran a diario a ser una gran líder, a ejercer mi liderazgo desde mi interior, desde la posición en la que me encuentro. Ellos me aman como soy. Aprendí a amarme a mi misma tal como me aman ellos, mis frutos. Tengo muchos modelos que no sólo me enseñaron, si no que me mostraron como ser una gran líder, principalmente mis padres Herrieth L. Wilson y Alfonso Wilson (Fallecido). Ellos no eran perfectos, pues la perfección no existe, pero lideraron con dignidad, integridad, respeto, amor y una fuerte Fe.

Los líderes están a nuestro alrededor y los conocemos en las etapas tempranas de nuestras vidas. Los líderes vienen en todas las formas y tamaños. Algunos de los mejores líderes que conocí mientras crecía fueron las madres que se quedaban en casa y las amas de casa que trabajaban y también dirigían sus hogares. Todas lideraron sus hogares con orgullo, basándose en la integridad, los valores, la palabra de Dios y, por supuesto, el amor por sus familias, sus trabajo y sus comunidades. Otros líderes fuertes que conocí fueron los padres que trabajaban mucho para sostener a sus familias y que me enseñaron la importancia de la disciplina y el respeto a uno mismo y cómo reflejar lo que deseas que otros aprendan. Estos hombres también se apoyaban diariamente en la palabra de Dios para que esta fuera su brújula a la hora de sostener y dirigir a sus familias. Debido a que estas enseñanzas me fueron inculcadas a temprana edad, puedo transmitir esto a mis hijos y aquellos que lidero en la comunidad y en mi lugar de trabajo.

Ruego a Dios que la información que ofrezco en este libro sirva de ancla no sólo a mis hijos, a quienes este libro está dedicado, sino también a los líderes de todo el mundo. Mi esperanza es que mis experiencias ayuden a los lectores a entender mejor el liderazgo y que los inspiren a liderar con respeto, integridad, generosidad, humildad, confianza y a favor de su tribu.

Agradecimientos

Como te darás cuenta a medida que leas este libro, necesitas una tribu para lograr casi todo en la vida. Este libro no es la excepción. Hay tanta gente a la que deseo agradecer por ayudarme a crear este libro y por acompañarme en este viaje.

En primer lugar, doy gracias a Dios por guiarme y darme la fuerza, su fuerza, para perseverar y completar este libro al mismo tiempo que trabajaba a tiempo completo y construía un negocio.

La fe, la fuerza de Dios y una tribu muy grande me ayudaron durante esta fase de mi viaje. Son muchas las personas a las que deseo agradecer: a mi familia, quienes dieron la cara por mí durante las innumerables horas que pasé escribiendo y reescribiendo, durante las horas que dormí fuera de horario. Ellos me ayudaron con muchas de mis responsabilidades cotidianas, como sacar a pasear a nuestro perro Samson. A mi madre Herrieth, a mi hija Gabrielle, y a mi hijo Rodolfo Chávez, quienes siempre estuvieron disponibles para hacer lo que yo necesitara, incluyendo abrazos periódicos para que siguiera adelante.

Le envío mi profunda y sincera gratitud a mi querida amiga Jan Fraser Coles, quien desveló con mucha paciencia mis habilidades como escritora y oradora pública. Su fe y discernimiento también ayudaron a crear este libro. A mi editora, Helena Tavares Kennedy de htkmarketingservices.com, a quien conocí unas pocas semanas antes de publicar el libro. Ella fue verdaderamente un regalo de Dios. A Alberto, de Zen Advertising en Perú, quien nunca me ha conocido en persona y ha sido capaz de dar en el clavo respecto a todos los diseños que le he ordenado, incluyendo la portada de este libro.

A LAMGO Marketing en Panamá, a Juan Caballero y a Ezequiel Rodríguez, quienes verdaderamente creyeron en mí y en mis habilidades y no han hecho otra cosa que trabajar más allá de sus obligaciones, incluyendo el lanzamiento de este libro. Mi agradecimiento especial a Evolution Printing, Inc. por asumir el trabajo de último minuto de imprimir mi primer lote de libros.

A mi primo y agente, Ultiminio Ramos Castro. ¿Qué puedo decir cuando alguien ve tanto potencial en ti y utiliza todos sus talentos, conocimientos y habilidades y mucho sudor para ayudarme a publicar este libro? Mucha gratitud hacia Ultiminio por su profesionalismo y pasión y así lograr lo que él imaginaba. Él lideró el esfuerzo entero para lanzar "Ilka V. Chavez" Latinoamérica. ¡Gracias! También agradezco a su esposa, Indyra Saavedra de Ramos, y a sus hijos, Caleb y Juan Marcos, por estar dispuestos a ceder el tiempo que Ultiminio debía pasar con ellos para que él me ayudara con todos los detalles necesarios para publicar este libro en español e inglés. Les agradezco.

A mi tribu, siempre primeros en mi corazón, por tomar el tiempo para revisar, editar y ofrecer sugerencias que han hecho de este libro lo que es hoy. Todos ustedes son geniales y, como saben, siempre serán parte de mi tribu. Para aquellos que saben que están en mi tribu, pero no fueron mencionados individualmente, saben que siento gratitud y amor por cada uno de ustedes.

Gracias a Gabrielle F. Chávez (mi hija) por ser la vicepresidenta de Corporate GOLD, LLC y estar disponible para realizar todas las tareas asignadas. A mi hijo RJ, quien proporcionó información sólida sobre varios productos —te aprecio. A Rachel Winchester, quien es mi mano derecha y gerente de oficina, y quien ha estado completamente a mi disposición para ayudarme en la administración de mi negocio y durante este tiempo de escritura del libro. A Lastenia Worrell, quien tomó tiempo que dedica a su escuela y a sus responsabilidades de crianza para ayudar a su tía.

Un sincero agradecimiento a mis hermanas, Luanna Straker y Ronna Worrell, y a mi hermano Arturo Wilson, por su amor incondicional y apoyo en todo lo que hago, incluyendo este libro. A la diaconisa Elisa Bracero, mi hermana y guía espiritual; a Lorri Dyson, mi hermana, siempre estás ahí para mí. A Laura Nichols, no dudaste en ayudar con la revisión, incluso cuando tenías menos de 24 horas para hacerlo. A Dalys Macon, Aleks Stefanovska, Yolanda Johnson, Kristen Kiefer, Dra. Melida Harris Barrow, Omozua Isiramen, Bodo J. Frost, Dr. David John St. Clair, Norma Hollis, Bill Stierley Jennie Ritchie: ustedes siempre están a tan sólo una llamada telefónica, o a una videoconferencia de Skype o de Video Zoom, de distancia cuando necesito apoyo, ya sea por unos pocos minutos o por unas pocas horas. Para cada uno de ustedes y para todos aquellos que no mencioné, gracias y que Dios los bendiga siempre. Cumplieron con cada descabellada petición que les hice.

Y, por último, pero no menos importante, les doy las gracias a cada uno de los que compraron este libro. Me siento honrada de presentar este libro a ti, el lector. Rezo para que te ayude y te sirva de guía en lo que dices y en lo que haces para inspirar a tu tribu. Mis mejores deseos en tu viaje de liderazgo.

"La herramienta más poderosa que tienes en el liderazgo es tu propio ejemplo".
- John Wooden

Tabla de contenido

PRÓLOGO
por Jan Fraser

"Una mujer es insumergible. Las mujeres unidas son indetenibles". *
Jan Fraser

Conocí a una mujer, Ilka Chávez, en noviembre de 2015 en una conferencia de negocios. En el momento en que la conocí, supe que era insumergible. Tenía un resplandor, una energía y un magnetismo que no se podían negar. Nos hicimos amigas al instante. Durante el evento, hablamos sobre nuestros objetivos de negocios y en la vida.

Ella me dijo que además de estar buscando lo que sería su próxima carrera o movimiento de negocios, ella se encontraba luchando con una situación de salud difícil e iniciando un proceso de divorcio. Mientras continuaba hablando con Ilka, me di cuenta de que yo veía en ella lo que ella no podía ver en sí misma.

Le dije, "Ilka, eres una oradora pública dinámica y una autora de éxitos de ventas. ¡Solo que todavía no te has dado cuenta!" Ella me miró como si no tuviera idea de lo que yo estaba diciendo. Yo sabía que ella tocaría vidas con su voz y generosidad como una oradora motivacional estimada y una autora de éxitos de ventas. La invité a mi casa para un retiro de escritura.

Ilka se arriesgó, confió en su instinto y se unió a mí en este retiro. Pude confirmar que era una escritora. Simplemente ella no sabía los mensajes que tenía escondidos en su interior.

Le pedí a Ilka que formara parte de nuestro libro en colaboración titulado *Success University for Women in Business* (La Universidad del Éxito para las Mujeres en los Negocios). Ella escribió su capítulo sobre honrar tus valores donde compartió sus propios valores; respeto, integridad, generosidad, humildad, confianza y actitud de servicio. Me gustaría añadir que me refiero cariñosamente a Ilka como mi 'hermana de gratitud'. Ella me llama afectuosamente su 'hada madrina'. Me ha enseñado lo importante de ser siempre agradecido. Puedo dar fe de que Ilka vive de acuerdo con todos los valores que escribió en nuestro libro.

Invité a Ilka a hablar y motivar en mi conferencia *Success University for Women in Business* que realicé en las Bermudas en abril. Ella conmovió a incontables mujeres con su mensaje de liderazgo.

Sé que "las mujeres unidas son indetenibles" * y nos unimos.

En *Lo que los líderes dicen y hace. Cómo inspirar a tu tribu*, Ilka comparte lecciones e indicadores para la vida diaria. Ha trabajado en muchas posiciones de liderazgo en el gobierno, la política y la industria privada y es muy respetada en su campo.

Estoy segura que la información contenida en este libro tendrá un impacto en ti y ayudará a fortalecer tu liderazgo.

Felicidades Ilka, por seguir tu pasión de crear líderes a través de este libro y por las conferencias que este libro inspire.

Jan Fraser Coles
28 de julio de 2017

Jan es la definición misma de la palabra "emprendedora", brindando en sus charlas experiencia del mundo real, humor, energías e historias relevantes en sus charlas, entrenamientos y asesorías durante más de 42 años. Su enfoque es alcanzar el éxito en ventas y en el servicio de atención al cliente. Jan es una entrenadora sénior de nivel avanzada certificada por Canfield y una entrenadora de éxito profesional. Ha sido autora de seis libros, y best sellers, y es cofundadora de los libros y conferencias Sucess University for women (universidad del Éxito para mujeres).

www.janfraser.com
www.janfraserbusinesstraining.com

"El verdadero liderazgo se trata de la inspiración. Se trata de tener una visión, creer en esa visión y estar dispuesto a sacrificarse por esa visión de una manera que inspire a otros a unirse a ti".
— Anna María Chávez, exdirectora ejecutiva de las Niñas Exploradoras de los Estados Unidos

Prefacio/Introducción

Lucas 6:38 (NVI®)
"Den, y se les dará: se les echará en el regazo una medida llena,
apretada, sacudida y desbordante. Porque con la medida que midan a otros,
se les medirá a ustedes."

Escribo este libro por los clamores que he escuchado de individuos que buscan un buen liderazgo, así como por el anhelo de compartir mi experiencia. He oido que este deseo de liderazgo lo han expresado no sólo miembros de las nuevas generaciones, sino también de la generación de postguerra (los *baby boomers*). Buscan grandes líderes para seguir, y desean saber cómo llegar a ser grandes líderes, cómo ser inspirados y cómo inspirar a otros. Estas diversas generaciones están buscando liderazgo y orientación y no se ven a sí mismas como líderes porque perciben que existe un doble estándar cuando se trata del liderazgo modelo. Es decir, lo que ven en el liderazgo no es en lo que quieren convertirse.

La frase "liderazgo transformacional" fue acuñada por el experto en liderazgo James McGregor Burns en su libro Liderazgo (*Leadership)* en 1978. Definió el concepto como un proceso donde "los líderes y sus seguidores (los líderes futuros) trabajan juntos para avanzar a un nivel superior de moral y motivación". Como líder, me pregunto si alejarnos demasiado de nuestra moral y de nuestros valores es lo que nos lleva a perder la confianza en nuestra propia capacidad de liderar.

¿Qué es lo que los próximos líderes buscan? ¿Es tener una mayor conciencia moral, o es motivación? Una de las áreas que me apasiona es el liderazgo consciente, comenzando con nuestros valores personales como líderes. ¿Es la economía más importante que los valores, la moral y la ética? Esta podría ser la razón por la cual existe tanta necesidad de buenos líderes. Esta necesidad se alinea con la definición de liderazgo transformacional de McGregor Burns. Tal vez lo que se necesita es que los líderes se transformen a sí mismos y que transformen a otros.

Creo que todos somos líderes por derecho propio y que todos debemos aprender a liderar desde donde estamos. No tenemos que ser presidentes o directores ejecutivos de una empresa para ser líderes. He visto cómo las familias se desmoronan debido a que los padres no comprenden sus roles como líderes de sus familias. He visto cómo las organizaciones se derrumban debido a los egos y he visto a los líderes perder su enfoque haciendo que la misión de la organización se centre en ellos en lugar de sus clientes y su tribu (su equipo o aquellos a quienes lideran). En pocas palabras, no se trata de la misión de la organización sino sobre "qué hay para mí en todo esto". Los 'líderes perdidos' se desviaron de sus valores fundamentales para buscar posesiones mundanas y deseos egoístas. Esto ocurrió en mi propia familia y en varias organizaciones donde serví como líder. Lo analicé con profundidad y descubrí que como líderes debemos ser transparentes, vulnerables y honestos. Nunca ha sido más cierto que un líder debe calibrar su propia brújula antes de poder guiar a otros.

Otra lección que aprendí de mis experiencias es que no puedes inspirar a otros si tú mismo no te sientes inspirado. Para mí, la inspiración y el empoderamiento son la misma cosa. Si eres un líder y no te sientes empoderado, será una tarea muy difícil potenciar a otros, pues tú mismo no has pasado por el proceso necesario para llegar a ese estado. A esto me refería cuando dije anteriormente que liderar a otros comienza con liderarse a uno mismo. No serás capaz de inspirar y empoderar a otros si te enfocas sólo en ti mismo, o en el "qué hay para mí en todo esto", en lugar de enfocarte en el bienestar de la mayoría.

Ser elegido como líder es un honor que viene con gran responsabilidad. Debemos llevar muchas cargas que vienen con la unión de diferentes personas y antecedentes. Abordar esa diversidad no es una tarea fácil. Como líderes, debemos reconocer nuestro ego humano. El cambio nos afecta tanto como a nuestros equipos y debemos estar constantemente vigilantes. Un aspecto clave al que debemos prestar atención es qué decimos y cómo actuamos, siempre. Como sociedad y como líderes, necesitamos despertar al líder que llevamos dentro y liderarnos primero a nosotros mismos, en lugar de dirigir a otros primero y dejar las sobras o nada para nosotros. En mi propia experiencia, yo estaba tan ocupada liderando en el mundo corporativo, en mi comunidad y dentro de mi familia, que me había olvidado por completo de mí misma. Cuando me desperté de mi trance de servir a tantas personas —yo era una "muerta en vida" que vivía complaciendo a los demás— me di cuenta de que simplemente había olvidado incluirme en la lista de prioridades.

No tener tiempo equivale a no tener prioridades.

A menudo olvidamos que nuestros hijos/ nuestros equipos desean que los orientemos y que nuestra tribu confía en que los ayudaremos a crecer.

Hace aproximadamente un año, me asocié con dos colegas, Norma Hollis y William Stierle, en el negocio de entrenamiento, para organizar una conferencia titulada: *Lo que los líderes dicen y hacen: cómo inspirar a tu tribu.* El objetivo de esta conferencia fue educar a líderes de todos los niveles sobre tres puntos claves que creíamos que eran importantes para dirigir a sus tribus. Las tres áreas clave son la autenticidad, la comunicación y el liderazgo. Los líderes auténticos no tienen miedo de llorar o mostrar vulnerabilidad. No tienen miedo de decirle a su equipo "No sé la respuesta". No tienen miedo de decirle a su equipo cuáles son sus debilidades y las áreas en las que necesitan crecer. Simplemente, muestran la autenticidad todo el tiempo. Ser auténtico produce paz mental, pues no usas máscaras y puedes ser quien eres, con todas tus imperfecciones. De esa manera muestras a tu equipo que, aunque eres su líder, todos tenemos imperfecciones y áreas donde necesitamos crecer o donde podemos mejorar. La autenticidad significa decir siempre la verdad. No tienes en la necesidad de mentir para impresionar a otros o para parecer superior.

La siguiente área que elegí para enfocarme durante la conferencia fue la comunicación. Como líderes, debemos entender que todos tenemos diferentes estilos de comunicación. Cuando nos tomamos el tiempo para comprender la forma en que nos comunicamos y, lo que es más importante, la forma en que cada miembro de nuestra tribu se comunica, tenemos una mayor capacidad para armonizar nuestras relaciones con nuestras tribus y entre los miembros de estas. Adicionalmente, dimos un paso más allá y analizamos *por qué* nos comunicamos. Comprender el propósito de un individuo al expresar un mensaje, además de entender la manera en que transmite dicho mensaje, fue una verdadera revelación para los asistentes de la conferencia, ya que destacó la importancia y el poder de la comunicación no sólo en los negocios, sino en la vida.

El tercer punto fue el liderazgo. Comprender por qué tu tribu te sigue es importante. ¿Qué cosas dices y haces que inspiran a tu tribu a permanecer leal y obediente? ¿Por qué el liderazgo y los estilos de liderazgo son tan importantes? ¿Cómo podemos mejorar continuamente como líderes?

Este libro nació de esa conferencia. Quería escribir sobre lo que los líderes dicen y hacen para inspirar a sus tribus. También pensé que el libro podría servir como guía y recordatorio de algunos de los grandes líderes de la historia y cómo estos inspiraron a sus tribus y cambiaron ellos mismos para mantener a la gente inspirada.

Este libro está escrito para iluminar a los nuevos líderes y a los líderes en transición sobre elementos claves que pueden ayudarlos a ser grandes líderes que inspiren a sus equipos y, en última instancia, a la tribu que reunirán con el tiempo. También espero que este libro sirva como un recordatorio de que, como líder, tú debes trabajar continuamente en crecer como persona. Si no eliminas lo que ya no sirve, si no estás continuamente trabajando en mejorar tus relaciones, entonces tu liderazgo será débil, te estancarás y limitarás tu crecimiento y el de tu tribu.

Como líder, debes ser responsable y llevar con orgullo el honor de ser líder. Debes inspirar a otros a crecer, no a morir. Cuando tu tribu y los que buscan tu dirección o liderazgo ven que eres tan humano como ellos, les inspiras confianza. Los líderes se enferman, cometen errores, se cansan o pierden su verdadero norte como les sucede a todas las demás personas.

¡Apóyate en tus valores y tus palabras inspirarán a tu tribu!

La Biblia de Liderazgo de Maxwell (*Maxwell Leadership Bible*)[4] menciona cómo los padres hemos sido llamados a liderar a nuestros hijos. "Instruye al niño en el camino correcto, y aun en su vejez no lo abandonará" (Proverbios 22:6). En su libro, Maxwell planteó la pregunta: "¿Cómo puede un padre llegar a ser un buen líder para su hijo?" La respuesta proporcionada en el libro hace eco con mis creencias y con lo que he hecho al liderar a mi familia y a mis equipos. Creo que debemos ser un ejemplo y demostrar con acciones, no sólo con palabras, cómo hacer las cosas. No hay excusa para no ser un buen ejemplo. Usar tu pasado como excusa no es aceptable. "Haz lo que digo no lo que hago" no es una forma de manejar los asuntos que inspire a los demás.

Debemos ser líderes valientes por el bien de nuestros hijos. Debemos manejar y conocer las fortalezas de cada uno de nuestros hijos para guiarlos mejor. Diviértete y crea momentos duraderos. Los dulces recuerdos de mi infancia, los momentos divertidos que pasamos como familia, las lecciones que aprendí sobre el hecho de que somos más fuertes juntos que separados, surgieron de pasar tiempo de calidad con mi familia. He utilizado estos recuerdos como guía para dirigir a mi propia familia y a mis equipos, mis tribus.

Maxwell da las siguientes tres respuestas sobre cómo convertirte en un buen líder para tus hijos:

1. Modelar: él cita a Abraham Lincoln: "Solo hay una manera de instruir a un hijo en el camino en que debe andar, y es andándolo uno mismo". Maxwell profundiza en la importancia de un buen ejemplo: lo que haces tiene más impacto en tu hijo que todos los sermones que puedas darle.[4]

2. Dirigir: la buena dirección es la capacidad de discernir la singularidad de un niño y enseñarle en concordancia. Debemos instruir a un hijo el camino por el que debe andar. Es importante recordar que diferentes individuos tienen diferentes destinos. Esto puede significar que tendremos que adaptar nuestros estilos, dependiendo su temperamento y forma de ser.[4] Desafortunadamente, los sistemas escolares no pueden hacer esto para nuestros hijos debido a su forma estandarizada de educar. Como ex miembro de un consejo escolar, luché con la idea de estandarizar las cosas.

Cada niño es único. Sin embargo, nuestros maestros y sistemas educativos tienen las manos atadas porque no se les da la flexibilidad y la creatividad para adaptarse a cada niño. En cambio, siento que los maestros se ven obligados a adaptar al niño al sistema y no el sistema al niño. Esta parece ser un área crítica que puede estar causando algunas de las dificultades que enfrentan nuestros sistemas educativos. Creo que todos los niños tienen la capacidad de aprender, así como creo que todas las personas tienen la capacidad de liderar. Sin embargo, como afirma Maxwell, esto requiere adaptar nuestros estilos a cada niño. Esta es una razón por la que creo que liderar es más parecido a jugar ajedrez que a jugar damas. Al jugar damas, todas las piezas se mueven en la misma dirección. En el ajedrez, mueves cada pieza en una dirección diferente para maximizar su potencial con el objetivo de ganar el juego. El ajedrez requiere pensamiento estratégico. En mi caso, cuanto más crezco y ayudo a otros a crecer, pienso en términos de jugar ajedrez en lugar de jugar damas. Espero que, como líderes, haremos lo que es correcto para todos nuestros hijos o para aquellos que siguen nuestro liderazgo.

3. Recuerdos: los padres deben crear recuerdos. ¿Por qué? Porque los recuerdos son más importantes que las cosas materiales. Fíjate que el versículo

citado por Maxwell dice "aun en su vejez no lo abandonarán". Esto implica que, más adelante en la vida, el niño utilizará los recuerdos de sus primeras experiencias.[4] Yo soy testigo de esto. Todo completa un ciclo: demuestra lo que esperas; dirige y alienta a los individuos sobre la base de esas expectativas; crea recuerdos para generar un apego y dedicación al llevar a cabo tus metas como líder. Esto también puede aplicarse a las cosas que haces para inspirar a tu tribu.

Espero que este libro sirva para inspirarte a ser un líder, ¡¡Sí, a ti! En "mi libro" todo el mundo es un líder.

"Los líderes son grandes, no por su poder, sino por su habilidad de empoderar a otros".
— John Maxwell

Capítulo uno:
¿Qué es el liderazgo? ¿Por qué es tan importante el liderazgo?

2 Corintios 9:6-8 (NVI)

"Recuerden esto: El que siembra escasamente, escasamente cosechará, y el que siembra en abundancia, en abundancia cosechará. [7]Cada uno debe dar según lo que haya decidido en su corazón, no de mala gana ni por obligación, porque Dios ama al que da con alegría. [8]Y Dios puede hacer que toda gracia abunde para ustedes, de manera que siempre, en toda circunstancia, tengan todo lo necesario, y toda buena obra abunde en ustedes".

Pensemos en algunas representaciones comunes del liderazgo:
- La oficina o posición de **un líder** por título
- Una persona con capacidad para **liderar**
- El acto o una instancia de **liderazgo** de pensamiento
- La acción de **liderar** un grupo de personas o una organización
  Por el contrario, mi definición de liderazgo es alinear tus valores con tus acciones, palabras y forma de vida e inspirar a otros a hacer lo mismo para lograr que el lugar de trabajo y el mundo sean un lugar mejor. Ahora, veamos cómo algunos de los grandes líderes definen el liderazgo:
- "El liderazgo es influencia, nada más y nada menos". – John Maxwell, experto en liderazgo
- "Si tus acciones crean un legado que inspira a otros a soñar más, aprender más, hacer más y ser más, entonces eres un líder excelente". – Dolly Parton, cantante
- "El liderazgo es una serie de comportamientos en lugar de un papel para los héroes". – Margaret Wheatley, escritora y consultora de gestión
- "Los buenos líderes organizan y alinean a la gente en torno a lo que el equipo necesita hacer. Los grandes líderes motivan e inspiran a la

gente indicando por qué lo están haciendo. Ese es el propósito. Y esa es la clave para lograr algo realmente transformador". – Marillyn Hewson, presidenta y directora ejecutiva de Lockheed Martin

- "El noventa por ciento del liderazgo es la capacidad de comunicar algo que la gente quiere". – Dianne Feinstein, senadora de los Estados Unidos
- "Hablar del liderazgo como una lista de cualidades cuidadosamente definidas (como estratégico, analítico y orientado al rendimiento) ya no es viable. Hoy en día, el verdadero liderazgo se deriva de la individualidad, que se expresa con honestidad y a veces es imperfecta… Los líderes deben luchar por la autenticidad más que por la perfección". – Sheryl Sandberg, jefa de operaciones de Facebook
- "Un líder es mejor cuando la gente apenas sabe que existe. Cuando su trabajo está hecho y su objetivo cumplido, las personas dirán: lo hicimos nosotros mismos". – Lao Tzu, filósofo chino
- "El liderazgo es la capacidad de traducir la visión en realidad". – Warren Bennis, académico y consultor organizacional
- "El desafío del liderazgo es ser fuerte, pero no grosero; ser amable, pero no débil; ser valiente, pero no intimidante; ser reflexivo, pero no perezoso; ser humilde, pero no tímido; sentirse orgulloso, pero no ser arrogante; tener humor, pero sin locura". –Jim Rohn, autor y orador motivacional

Es evidente que las personas que ocupan posiciones tradicionales de liderazgo definen el liderazgo de diferentes maneras. Definir el liderazgo sólo toca la superficie de su importancia. Como madre, debo orientar a mis hijos en la forma en que ellos deben guiar sus propias vidas. Mi papel es liderar dando el mejor ejemplo posible. Defino mis valores, luego lidero y vivo de acuerdo con mis valores. Los valores son esenciales para el liderazgo, ya que estas son las cosas en las que no estás dispuesto a comprometer, las cosas que aprecias y que definen quien eres. Mis valores son el respeto, la integridad, la generosidad, la humildad, la confianza y la actitud de servicio. Estos son los principios que definen mi liderazgo y las decisiones que tomo al dirigir e influir en los demás.

El liderazgo también es importante porque el líder crea la visión y luego ayuda a otros a identificar cómo y a dónde dirigirse usando sus fortalezas para alcanzar dicha visión. Los líderes tienen la habilidad de empoderar a otros. ¿Cómo puede un líder hacer esto? Analizaré este punto más adelante en la sección sobre lo que hacen los líderes. Tener una clara comprensión del liderazgo es clave para liderar a tu tribu. Un líder debe entender y saber cómo seguir a otros. Para mí, como líder, una lección básica para entender el liderazgo es saber que no siempre hay que estar a la vanguardia o empujando a los demás. Podemos liderar caminando lado a lado con nuestra tribu. Todos aprendemos y crecemos unos de otros. Lo que da tranquilidad es saber que no estás caminando solo, sino que tienes todo un equipo con habilidades y aptitudes variadas para ayudarte a cumplir tu misión. El liderazgo no es un deporte individual, es un deporte de equipo. Con esto quiero decir que cada miembro es responsable del papel que desempeña en el equipo.

Como líderes, es importante mantenernos en nuestro carril. Contratamos a un equipo para ayudarnos a construir o lograr cierta misión y visión. Debemos confiar en los miembros de nuestro equipo y hacerlos responsables de su rol como parte del equipo. Por ejemplo, puedes contratar a un contratista general para construir una casa. Ese contratista general puede tener un conocimiento profundo de todos los pasos y recursos necesarios para construir una casa sólida. Sin embargo, no necesariamente posee todas las habilidades que se necesitan para construir tu casa. Por esta razón, subcontrata empresas que poseen ciertos conocimientos especializados para garantizar la entrega de un producto de calidad. Algunos de estos expertos pueden ser un carpintero que entiende los intrincados detalles de la carpintería, o un pintor que sabe qué tipo de pintura se debe utilizar para diferentes superficies. El contratista también puede tener a alguien que se especialice en techos. El punto aquí es que como líderes no podemos conocer o ser expertos en cada área necesaria para cumplir nuestra misión y/o visión. La clave del liderazgo es saber cómo orquestar la visión general del trabajo a completar y simplemente armonizar todos los instrumentos para, metafóricamente, crear hermosa música. No necesitas saber tocar todos los instrumentos, pero necesitas saber cuándo introducir cada instrumento en el concierto.

En el próximo capítulo hablaré de algunas de las cosas que dicen los líderes para inspirar a su tribu y a sus compañeros de equipo. Ser elegido para dirigir a otros es un privilegio y un honor que nunca se debe dar por sentado. Si eres elegido para liderar un país, una compañía de la lista Fortune 500, tu familia o a ti mismo, tienes la oportunidad de influenciar e inspirar a otros y de enseñar con tus palabras y acciones.

Como señaló un artículo de Deloitte University Press titulado "Liderazgo renovado: generaciones, equipos, ciencia", el liderazgo es una preocupación creciente entre los líderes empresariales.[9] La expansión del rango de edad de los trabajadores, el aumento de la productividad y el rápido ritmo de cambio que trae consigo el abrumador adelanto de la tecnología, crean desafíos constantes para los líderes.

"Las organizaciones necesitan enfocarse en el liderazgo como un todo para crear líderes versátiles a una etapa temprana de su carrera, que pertenezcan a varias generaciones, que puedan formar equipos que mezclen líderes de todo nivel, y que desarrollen líderes en lo más profundo de la organización, estableciendo programas enfocados en las prioridades del negocio y delimitando las inversiones requeridas para lograrlo.

- El desafío del liderazgo es urgente y su importancia cada vez es mayor. En 2016, el 89% de las empresas consideraban que el liderazgo era importante o muy importante (en el 2015 fue el 87%) y el 57% considera el liderazgo como muy importante (un incremento respecto al valor anterior de 50%).
- 28% reportaron que aún tienen una estructura de liderazgo débil o muy débil.
- El perfil de los altos líderes es complejo y está en constante evolución. Las organizaciones necesitan desarrollar capacidades fundamentales de liderazgo — capacidades que incluyen habilidad para colaborar sin considerar fronteras, conceptualizar nuevas soluciones, motivar equipos diversos y desarrollar una nueva generación de líderes globales".[9]

Liderar e inspirar a otros se parece a jugar una partida de ajedrez. Requiere pensamiento profundo y estrategia, pues un mal movimiento puede arruinar el juego. Requiere compromiso y centrarse en todas las piezas del tablero. ¿Has comparado a todos los miembros de tu tribu con una pieza de ajedrez? Cada pieza, cada movimiento es crítico en el cumplimiento de la misión. Ninguna pieza es menos importante que la otra.

En el libro Ajedrez No Damas: eleva tu juego de liderazgo (*Chess Not Checkers: Elevate Your Leadership Game*)[6], Mark Miller analiza cómo el primer movimiento que haces en el ajedrez es colocar diligentemente tus piezas en una posición que maximice su impacto. No puedes esperar hasta que necesites un líder para comenzar a desarrollar uno.[6] Tal como se necesita utilizar estrategia en un juego de ajedrez, debes comenzar a desarrollar a tus líderes desde el momento en que se unen a tu tribu, sin importar su posición en la organización. Como líderes, debemos crear una mentalidad de liderazgo en la que cada jugador del equipo se vea a sí mismo como líder del trabajo por el que es responsable. Ningún trabajo es más importante que otro; cada posición es crítica para asegurar que la organización funcione sin problemas. Como he dicho a los equipos que he dirigido, "el conductor no es más importante que el ingeniero". Todos los miembros del equipo deben comunicarse constantemente y trabajar en armonía para asegurar que el tren funcione sin problemas y lleve con seguridad a todos los pasajeros a la siguiente estación.

Miller también dijo en su libro "tu capacidad de hacer crecer líderes depende de tu aptitud para dirigir".[6] Inspirar a tu tribu y ayudarla a crecer para que sean líderes en su área es un aspecto crítico para sostener una gran organización. Ganar un juego de ajedrez depende de tus movimientos. Lo mismo ocurre con el liderazgo: lo que digas y hagas determina si ganas o pierdes a tu tribu; define y mide la salud de tu organización.

Muchas personas piensan que no son líderes porque su papel o posición no tiene un título de "liderazgo" habitual. En su libro La Biblia de Liderazgo de Maxwell (*Maxwell's Leadership Bible*), John C. Maxwell establece que "Si eres un padre, un maestro, un cuidador, un pastor o un entrenador, estás guiando a otros todo el tiempo".[4] No importa cuál sea tu carrera o tu papel dentro de tu familia. Siempre lideras e influencias a alguien o algo.

Maxwell también enfatizó la estrategia de liderazgo de "adentro hacia afuera" que he mencionado; debes comenzar contigo mismo. Él mencionó que fuimos creados para dirigir, para "dominar la tierra" (Génesis 1:26, 28; NVI), pero como somos pecadores, tendemos a seguir nuestro propio camino en lugar de seguir el liderazgo de Dios.[4] Con frecuencia somos pragmáticos y hacemos lo que nos apetece, tratando de controlar todo a pesar de que eso es imposible. Te pido que te mires al espejo y tenga una conversación honesta contigo mismo sobre cómo estás dirigiendo a otros. Si esto no empieza por liderarte a ti mismo, podrías considerar tomar medidas para mejorar la forma en que diriges a otros. No quiero ser irrespetuosa al decir esto; simplemente lo he experimentado en mi vida y mi misión es ayudar a otros líderes a despertar. Somos importantes, pero nuestra tribu importa más — ellos serán quienes perpetúen nuestro legado.

Como entrenadora y como alguien que alienta a otros a despertar su potencial, creo que nuestro liderazgo empieza en nuestro interior. Debemos saber quiénes somos realmente para ser capaces de guiar a otros. Cuando tratamos de ser como los demás y no como la persona que debemos ser, vacilamos y a veces llevamos a nuestras tribus enteras, o incluso a nuestros países, a la cuneta.

Como líder, debes esforzarte para saber quién eres a la vez que lideras a otros. Esta es una razón por la cual en nuestra sociedad hay tanta necesidad de propósito, maestría e independencia. La manera de aprender estas cosas es entender lo que nos impulsa a liderar a otros y a nosotros mismos. *Drive*, el libro número 1 en ventas del New York Times escrito por el autor Daniel Pink, sugiere que la fuente de la motivación humana y de nuestro mejor trabajo proviene de nuestro impulso inherente hacia la autonomía, la maestría y el propósito.[8] Muchas personas luchan por encontrar su propósito y, por lo tanto, pierden la motivación en algún momento de sus vidas o carreras. Emprenden su viaje de vida ignorando a su llamado como líderes. A algunas les toma décadas encontrar su verdadero propósito. En mi caso, me tomó tres décadas descubrir mi propósito en la vida de crear líderes en todos los niveles.

Al reflexionar sobre mi vida y mi carrera, me di cuenta de que, sin importar lo que hiciera, siempre fui identificada como una líder o me pedían que lo fuera. En mi familia, en el trabajo y en mi comunidad, de alguna manera siempre me las arreglé para sobresalir y me ofrecía voluntariamente u otros me pedían que me ofreciera. Aunque mi preferencia personal era dirigir tras bambalinas, no estaba destinada para ello. Desperté a la realidad de que tengo un corazón de líder sirviente y encontré alegría en servir a otros sin importar la tarea que se me asignara. Como líder, nunca evalué la "tarea". En otras palabras, ponía todo mi empeño en hacer lo que se me pedía de la mejor manera posible. Yo era simplemente una pieza del rompecabezas, el cual no estaría completo si yo no hacía mi parte. A veces, me encontraba sosteniendo muchas piezas del rompecabezas. Como líder, en ocasiones tendrás varias piezas del rompecabezas en tu escritorio. Tu tarea es averiguar cuáles piezas son tuyas y cuáles necesitas entregar a las personas con la experiencia adecuada para asegurar que el rompecabezas se complete a tiempo y según las especificaciones.

Notas/Reflexiones

¿Porqué el liderazgo es importante para usted? ¿Cuales son algunas de sus practicas diarias de liderazgo?

Notas/Reflexiones

"En este mundo, creces o mueres, así que ponte en movimiento y crece".
— Lou Holtz

Capítulo dos:
Lo que dicen los líderes para inspirar a su tribu

Gálatas 6:6-10 (NVI)
"El que recibe instrucción en la palabra de Dios, comparta todo lo
bueno con quien le enseña. No se engañen: de Dios nadie se burla. Cada
uno cosecha lo que siembra. El que siembra para agradar a su naturaleza
pecaminosa, de esa misma naturaleza cosechará destrucción; el que siembra
para agradar al Espíritu, del Espíritu cosechará vida eterna. No nos
cansemos de hacer el bien, porque a su debido tiempo cosecharemos si no
nos damos por vencidos. Por lo tanto, siempre que tengamos la oportunidad,
hagamos bien a todos, y en especial a los de la familia de la fe".

Como líder, debes ser consciente de las palabras que pronuncias y las cosas que dices a los demás. Puede que preguntes "¿qué importancia tiene lo que yo diga?" Lo que dices es importante porque tu tribu siempre presta atención a lo que dices y a lo que piensas para inspirarse y seguir adelante. Están buscando tu guía para asegurar un buen resultado para todos. Si eres líder de un país, de un aula, de tu familia, o de ti mismo, siempre debes ser consciente de decir la verdad — palabras que dan vida e iluminan los hechos, no tus creencias personales.

Las acciones de los verdaderos líderes son congruentes con sus palabras. Como líder, a veces no es necesario hablar porque tus acciones hablan más que tus palabras. ¿Le dices a tu tribu "sígueme" o le dices "voy contigo"? ¿Reflejan tus palabras una actitud de servicio hacia tu tribu o refuerzan que tú eres el jefe y que los demás deben escucharte y hacer lo que dices? A los miembros de la generación X y a los millennials no les gusta que les digan qué hacer. Sin embargo, en mi trabajo con miembros de estas generaciones, he observado que ellos se sienten más motivados por la inclusión, el respeto, la actitud de servicio, el tener un propósito, la libertad de crear y la flexibilidad con los horarios de trabajo y se sienten motivados a seguir líderes que verdaderamente conocen cuál es su objetivo.

Antes de profundizar en lo que algunos de los líderes mundiales conocidos han dicho para inspirar a sus tribus, deseo recordarte que **el liderazgo comienza contigo**:

- ¿Qué te dices a ti mismo?
- ¿Cómo te guías y te inspiras?
- ¿Tienes algún tipo de rutina matutina de meditación, oración o alguna otra práctica que te ayude a enfocarte?

Liderarse a uno mismo es uno de los aspectos más importantes que determina cómo liderar a otros. Te animo a pensar en las cosas que te dices a ti mismo. ¿Empiezas tu día dando gracias por todo lo que tienes, por tu tribu y por haber sido elegido para dirigir a otros?. Un liderazgo saludable es igual a un seguidor saludable. Si el líder es sano, íntegro y revisa constantemente su propia estabilidad mental, física y emocional, entonces estará mejor preparado para hacer lo mismo por su tribu.

Los líderes estimulan a los demás a hacer preguntas. Uno de los puntos que recuerdo de la conferencia Breakthrough to Success de Jack Canfield, a la cual asistí, fue cuando él dijo que un secreto para el éxito es "preguntar, preguntar, preguntar". Interpreté lo que dijo como una indicación de que debemos seguir haciendo preguntas hasta que encontremos una solución u obtengamos una respuesta. Hacer preguntas acciona tu pensamiento, con el cual se activa tu creatividad y la de tu tribu. Como líder, también debes hacerte preguntas a ti mismo para asegurarte que estás aprovechando tu creatividad **interior**. Algunos líderes optan por una política de puertas abiertas; otros se sienten estresados con tal política. Tener una política de puertas abiertas le dice a tu tribu: "Estoy aquí para ti, tengo tiempo para ti".

A medida que aprendo (y todavía estoy aprendiendo) **a** establecer prioridades, he desarrollado ejercicios efectivos de priorización. A medida que adquiero estas habilidades y herramientas a través del aprendizaje y de la mejora de la calidad de la enseñanza, me he dado cuenta que no tener tiempo equivale a no tener prioridades. Esto fue una verdadera revelación para alguien que pensaba que cuidar a otros debía estar primero que cuidar de sí misma. Piensa en esto: dices que no tienes tiempo para hacer ejercicio, pero durante el día pasas horas hablando por tu teléfono celular, navegando en Facebook, poniéndote al día con la vida de todos los demás, excepto la tuya.

La próxima vez que te digas a ti mismo que no tienes suficientes horas en el día, echa un vistazo a cómo utilizas cada minuto de las 24 horas del día. Te desafío a hacer un ejercicio de priorización para solucionar el problema. Te sentirás agradecido por haberlo hecho y tu tribu te lo agradecerá aún más. Me tomo la libertad de decir esto porque yo misma cometí estos errores. Sin embargo, me di cuenta que tenía que cambiar.

Los líderes admiten sus errores. No culpan a su tribu por sus errores. Toman la responsabilidad completa por todos los errores que ocurren dentro de su tribu. Frecuentemente repasan con su equipo las lecciones aprendidas y analizan maneras de mejorar sin enfadarse con los demás. Primero somos humanos, luego líderes. Enseña a otros a aprender de las lecciones de la vida en lugar de enojarse y lamentarse. La vida se trata de crecer, no de ganar o perder.

Los líderes dicen palabras de aliento a su tribu. "Creo en ti", "puedes hacerlo", "¿deseas trabajar en el nuevo proyecto?", "buen trabajo", "por favor", "gracias", "estoy orgulloso de tus logros", "celebremos por haber logrado nuestros objetivos..." Estas son solo unas pocas palabras de estímulo que los líderes deberían decir a su tribu, las cuales deberían surgir de forma natural.

En el capítulo 4, te presento una lista de citas que han ayudado a inspirar a individuos, tribus, compañías y naciones. Mi esperanza es que estas citas te sirvan como un recordatorio para que tú también puedas inspirar a tu tribu a través de lo que dices. Te animo a que recuerdes las palabras de Proverbios 18:21: "En la lengua hay poder de vida y muerte; quienes la aman comerán de su fruto". Como líder, es importante que estés pendiente de lo que dices y de cómo lo dices, para que tus palabras edifiquen a tu tribu en lugar de derrumbarla. Te animo a que medites en lo que ganas cuando derribas a otra persona con tus palabras. Lo que dices importa.

"Recuerda la diferencia entre un jefe y un líder; un jefe dice 'ivayan!', un líder dice 'ivamos!'"
— E.M. Kelly

Notas/Reflexiones

¿Cuales son algunas frases que usted dice para inspirar a su tribu? ¿Cuales son las frases que actualmente le dice a su tribu y que le gustaría cambiar? Piense en como le gustaría mejorar su comunicación para seguir inspirando a su tribu?

Notas/Reflexiones

Capítulo tres:
Lo que hacen los líderes para inspirar a su tribu

Hebreos 13:7 (NVI)
"Acuérdense de sus dirigentes, que les comunicaron la palabra de Dios.
Consideren cuál fue el resultado de su estilo de vida, e imiten su fe".

Lo más importante que hace un líder para inspirar a su tribu es predicar con el ejemplo o mostrar a su tribu lo que espera que ellos hagan. No les dice qué hacer, les muestra cómo hacerlo. Los grandes líderes también comparten sus talentos; no los guardan para un mejor momento o para sí mismos. No se quejan. Tienen un espíritu indomable y perseveran durante las dificultades. Levantan el ánimo de su tribu. Enseñan a su tribu a trabajar junto con su comunidad en lugar de trabajar para satisfacerse a sí mismos. ¿Eres el tipo de líder que dice "qué hay para mí en todo esto" o eres de los que dicen "qué hay para nosotros en todo esto"?

Un verdadero líder nunca es egoísta ni trata de llevarse todo el crédito. Más bien, se centra en cómo cada miembro del equipo puede ganar o en la manera de asegurarse de que todas las relaciones de colaboración sean ganar-ganar. Líderes: tu tribu unida es más fuerte que separada. Si promueven competencias dentro de su tribu, una vez que todo está dicho y hecho, nadie gana y todos pierden. Fuimos creados para trabajar en equipo: cuando un miembro de la tribu es deficiente en algo, los otros miembros pueden llenar la brecha. Lo mismo se aplica en términos de lo que hacen los líderes: comprenden las fortalezas de cada miembro de su tribu y se aseguran que tengan oportunidades para ejercer dichas fortalezas, mientras mejoran sus debilidades.

Un ejemplo personal de liderazgo inició cuando pasé de ser una consultora privada a una funcionaria pública, cuando pasé de la independencia a la burocracia. ¿Te imaginas el ajuste que tuve que hacer? Hice un acuerdo conmigo misma de que no sacrificaría mi ética laboral ni mis valores, sin importar cómo funcionara la burocracia.

Yo estaba muy enfocada en entender cómo funcionaban los altos niveles del gobierno. Estaba interesada en las operaciones. Mi pensamiento era que, si entiendes cómo funcionan las cosas internamente, entonces podrás resolver el resto. Durante esta transición, decidí viajar por casi dos horas de ida y vuelta al trabajo, para obtener lo que sabía que sería una experiencia valiosa. Esta posición, aunque a largo plazo, comenzaría a dotarme de la experiencia y comprensión necesarias sobre el funcionamiento del gobierno. La posición se encontraba en la entonces Administración para el Financiamiento del Cuidado de la Salud (HCFA, por sus siglas en inglés), ahora conocida como Centro de Servicios de Medicare y Medicaid (CMS, por sus siglas en inglés). Nunca tuve la intención de permanecer en esta posición por un período largo porque llegar al trabajo me tomaba demasiado tiempo, tenía una hija pequeña en casa y mi marido viajaba con frecuencia.

Me di cuenta de que viajar era demasiado para mí cuando una mañana estuve a punto de tener un accidente. Sabía que esa era la señal para buscar otro trabajo. Esa misma mañana, fui a la oficina y entregué mi carta de renuncia. Me di cuenta de que había llegado a mi límite. Afortunadamente, mis supervisores valoraron mi trabajo y me ayudaron a encontrar un trabajo más cerca de casa. Este fue un gran ejemplo de cómo los líderes cuidan a su tribu.

Unas semanas más tarde me pidieron que fuera a una entrevista con alguien que estaba dirigiendo una nueva iniciativa e implementando una nueva legislación de la que yo no sabía nada al respecto. Me entrevistaron para el puesto y poco después me ofrecieron el cargo. Mi curva de aprendizaje era alta, pero confiaba en que había obtenido el puesto gracias a mi experiencia previa y que ya aprendería el resto. Por cierto, este nuevo trabajo requirió que tomara un avión para asistir a la inauguración de la nueva iniciativa en mi primer día de trabajo. Para hacer la historia corta, entrevistaron a mi nuevo supervisor sobre la nueva iniciativa que yo todavía no entendía claramente, por lo que escuché con atención para aprender. Un reportero quería una entrevista en español y mi supervisor me miró y dijo: "Ella habla español". ¿Puedes imaginar mi pánico? Bueno, hice la entrevista y el reportero parecía satisfecho con la información que le proporcioné. Mi nuevo supervisor me miró y me dijo: "Estás contratada". Hablando de asumir un papel de liderazgo. Nunca había sido entrevistada por la prensa en español, los deberes de la nueva posición implicaban algo que nunca había hecho antes, y ahí estaba yo actuando como si tuviera experiencia.

Creo que este fue el inicio de mi camino hacia la comprensión de lo importante que es estar preparado para liderar y reinventarse a uno mismo (y preparar a tu equipo para reinventar) y para liderar a otros ya que las iniciativas van y vienen diferentes administraciones, al igual que los cambios en general. En el sector gubernamental, durante una administración podrías estar trabajando en un tema candente, pero en la próxima administración podrías trabajar en algo con poca relevancia. Así sucede en todos los aspectos de la vida. Cuando surgen cambios en el poder, la salud, la vida, la estructura o en cualquier otro campo en que las cosas cambian cada día, la forma en que manejamos esos cambios es lo que nos convertirá en grandes líderes.

Desde que aprendí esta lección, he tratado de alentar a todos los miembros de mis muchas tribus a permanecer alertas, a ser ágiles y flexibles y a estar siempre listos para crecer.

Los líderes planean y se preparan para lo peor. Es posible que las cosas no siempre salgan según lo planeado, pero la misión debe continuar. Los miembros de tu tribu pueden decidir abandonar la tribu para continuar creciendo en su carrera o por otras razones. Es crítico que prepares a tu equipo para muchos de estos eventos inesperados. A veces, como líderes, nos olvidamos que la planificación de la sucesión es importante y confiamos en un único experto para que haga el trabajo importante. Cuando ese experto se va, la tribu, y a veces el líder, actúa como si el mundo estuviera llegando a su fin. Creo que esto sucede porque nos estancamos como sociedad. Estamos tan atrapados en la rutina que olvidamos que debemos trabajar continuamente para crecer como personas y en capacitar a nuestras tribus para que se mantengan al día con las herramientas e información más actuales que contribuyan con el crecimiento de la organización.

Otro aspecto clave del liderazgo es establecer expectativas realistas para ti y para tu tribu. De lo contrario, la decepción se infiltrará rápidamente en tu tribu y causará resentimiento. Entonces, como líder tendrás que dedicar tiempo a limpiar el desastre causado por establecer expectativas poco realistas o por no establecer expectativas en absoluto. Muchos líderes leerán esto y dirán: "Por lo menos yo establezco expectativas claras". Pero ¿será cierto?

Yo también llegué a decir lo mismo, pero era claro que no daba en el blanco. A principios de mi carrera, como líder de un equipo pequeño, me dieron una asignación para la cual no tenía tiempo. En lugar de comunicárselo a mi supervisor, acepté la asignación, lo que me llevó a trabajar tantas horas que no podía asistir a las actividades después de clases de mis hijos. Estaba resentida porque tenía que trabajar durante la noche sin recibir una compensación adicional en lugar de estar en casa disfrutando de ver a mis hijos crecer. Ahora que tengo más experiencia, asumo toda la responsabilidad por no establecer expectativas realistas y por no comunicarle a mi supervisor que tenía demasiadas responsabilidades y que necesitábamos priorizar mis asignaciones. Es claro que en esa situación no fui una buena líder.

Piensa y pregunta a tu tribu con frecuencia si tus expectativas e instrucciones son claras. Aún si ellos entienden la tarea y tienen las herramientas adecuadas, debes comprobar si pueden cumplir con la asignación. A veces, algunos miembros de tu tribu pueden estar experimentando dificultades, pero tienen miedo de mostrar sus vulnerabilidades. Si desarrollas una relación abierta y honesta con tu tribu, serás capaz de prevenir muchos dolores de cabeza. Las distracciones y las desviaciones interrumpirán la rutina cotidiana, pero la mejor forma de invertir tu tiempo es depositándolo en tu tribu. Como líder, nunca olvides que la unidad hace la fuerza. Parte de tu trabajo es inspirar a tu tribu a tomar acción.

Esto nos lleva a la tercera faceta clave del liderazgo, que es completar el rompecabezas. Dices a tu equipo, "debo armar este rompecabezas y realmente necesito la ayuda de ustedes". Primero identificas y defines tu papel. Yo llamo a esto "observación". A continuación, evalúas detenidamente la tarea con el objetivo de entender lo que hay que hacer. Uno de mis antiguos y queridos supervisores se refirió a esto como saber cuál es tu "asunto". Esto comprende entender el núcleo de la tarea, las piezas significativas.

Luego, debes "interpretar" la tarea para entender lo que realmente significa: ¿cuál es el propósito de cumplir con cada parte y, en última instancia, de lograr la meta final? Esto asegura que yo, como líder, entiendo cómo deben hacerse las cosas y, lo más importante, ayuda a confirmar que el equipo entiende cómo debe ser el producto final.

Por último, "correlacionas" o analizas si anteriormente se ha hecho algún proyecto similar para así evitar reinventar la rueda. Si hemos armado rompecabezas similares, utilizamos las lecciones aprendidas y consideramos lo que funcionó y lo que no funcionó. Si lo que funcionó puede aplicarse a la situación presente, entonces podemos utilizar esa lección o herramienta para armar el nuevo rompecabezas. Una vez identificados estos aspectos, distribuyo las piezas del rompecabezas a los miembros apropiados del equipo junto con el plan y las fechas límites de entrega. El ejemplo anterior sobre completar un rompecabezas es una muestra de lo que hacen los líderes y de los pasos que yo doy como líder.

Uno de los mayores obstáculos que tenemos que enfrentar como líderes al inspirar a nuestras tribus es que no deseamos parecer vulnerables. Un querido amigo me prestó un libro de la Dra. Brené Brown después de encontrarnos por segunda vez. Este libro analiza cómo tener el coraje de ser vulnerable transforma la forma en que vivimos, amamos, criamos a nuestros hijos y lideramos. La Dra. Brown explicó que el título de su libro, Audazmente (*Daring Greatly*)[1], es una frase tomada del discurso de Theodore Roosevelt "La ciudadanía en una república". Ella procedió a relatar un fragmento de ese discurso, conocido como "el hombre en la arena". La Dra. Brown, quien parece como si la cita la hubiera despertado de un sueño, dice en su libro: Esto es vulnerabilidad. Todo lo que he aprendido durante más de una década de investigación sobre la vulnerabilidad me ha enseñado exactamente esta lección. La vulnerabilidad no es conocer la victoria o la derrota, es entender la necesidad de ambas; es involucrarse. Es darlo todo.[1]

La Dra. Brown compartió el famoso pasaje del discurso de Theodore Roosevelt en La Sorbona de París, Francia, el 23 de abril de 1910. Este pasaje me cautivó tanto, como me imagino que también cautivó a la Dra. Brown, que decidí compartirlo en esta sección del libro:

"No es el crítico quien cuenta; ni aquél que señala cómo el hombre fuerte se tambalea, o dónde el autor de los hechos podría haberlo hecho mejor.

El reconocimiento pertenece al hombre que está en la arena, con el rostro desfigurado por el polvo, el sudor y la sangre; quien se esfuerza valientemente; quien yerra, quien da un traspié tras otro.

Pues no hay esfuerzo sin error ni fallo; pero quien realmente se empeña en lograr su cometido; quien conoce grandes entusiasmos, las grandes devociones; quien se consagra a una causa digna; quien en el mejor de los casos encuentra al final el triunfo inherente al logro grandioso, y quien, en el peor de los casos, si fracasa, al menos fracasa atreviéndose en grande..."[1]

Al leer esto pensé: "¡Vaya! No estoy sola en esto". Se trata de involucrarse con la gente en la que confías para hacer el trabajo, la tribu que te ayuda a alcanzar tu fama, la tribu que te ayuda a ganar premios. Se trata de involucrarse con ellos. Ese es el tipo de líder que me esfuerzo por ser todo el tiempo. Utilizo el enfoque ganar-ganar en cada situación porque cuando los miembros de mi tribu ganan, yo gano. Cuando pierden, yo pierdo. Para tener esta relación de beneficio mutuo, debes ser un líder auténtico y transparente que obra en favor de los intereses de todos. A menudo, le decía a mi tribu en el trabajo, "si ustedes obtienen una mala evaluación, eso se refleja en mí, pues soy la principal responsable de su éxito". Algunos entendieron el mensaje enseguida, pero a otros les tomó algunos años comprenderlo.

Otra clave del liderazgo es mostrar a tu tribu que no importa si tienes éxito o no; de cualquier manera, siempre se aprende algo. El fracaso no existe. La decepción es un producto de nuestra propia imaginación. Necesitamos establecer expectativas que, sin importar el resultado, siempre aprendamos algo nuevo. La clave es seguir atreviéndose en grande y no darse por vencido. Siempre ganas, bien sea terminando o creciendo. Pido a cada líder que lea este libro que responda las siguientes preguntas: ¿Te atreves en grande? ¿Muestras tu vulnerabilidad? ¿Cuáles son algunas de las cosas que harás para mejorar continuamente tu liderazgo? Te recuerdo que no importa tu título — ya seas una ama de casa, un estudiante, alguien que distribuya folletos o el presidente de una empresa o país — eres un líder en la posición en la que te encuentras.

> *"Aquel que no es feliz con lo que tiene, no será feliz con lo que le gustaría tener".*
> *–Sócrates*

Aprende a valorar a tu actual tribu. Muéstrale tu aprecio y gratitud con frecuencia. Deja de quejarte de tu equipo o de tu tribu, y habla con ellos directamente para fomentar relaciones genuinas. No existe la persona perfecta. Contratastea la persona; debes saber qué fortalezas vistes en ella y las áreas en las que necesita mejorar. Cuando la persona no se desempeñe bienen las áreas en las que necesita mejorar. Cuando la persona no se desempeñe bien en las áreas en las que tú sabías que ella necesitaba mejorar, pero para las cuales aún no has proporcionado las herramientas que se necesitan para mejorar, no puedes esperar un rendimiento estelar. Deja de engañarte. Estos son los errores que yo cometí como líder.

Como mencione anteriormente, cada miembro de la tribu aprende y trabaja de manera diferente. Es posible que tengamos que adaptar nuestros patrones a la forma de pensar de cada miembro del equipo para asegurar el exito de cada uno de ellos. Saca provecho de sus fortalezas. Surgirán desvios y situaciones inesperadas. Como líder, debes estar preparado para hacer los cambios necesarios y debes preparar a tu tribu para que haga lo mismo. Los lideres tambien preparan a los miembros de su tribu para que se reinventen a si mismos y para que reinventen la organización a medida que la marea cambia.

Los lideres establecen expectativas especificas, medibles, alcanzables, realistas y con un tiempo establecido (objetivos SMART, por sus siglas en ingles). Se ponen de pie y caminan junto a los miembros de su tribu. Mi lema de liderazgo es que, si estamos juntos participando en una carrera y tu caes, me doy la vuelta, te levanto y te ayudo a alcanzar la linea de meta. No hay nada en mi libro que diga que yo gano y tu pierdes.

Otro aspecto clave del liderazgo es ser responsable de todas las acciones. Como lideres, no debemos culpar a los demas por algo que es nuestra responsabilidad dirigir. Debemos asumir la responsabilidad de toda la tribu. No podemos asumir la responsabilidad de algunos miembros y de otros no. Todos son parte de nuestra tribu. El favoritismo hace daño a tu tribu.
¿Prefieres trabajar con una tribu saludable o con una tribu lesionada?

Por ultimo, es muy importante que los lideres compartan sus talentos. No deben enterrarlos donde no se les pueda sacar beneficio. La Escrituras hablan acerca de la "parabola de los talentos" en Mateo 25:14-30 en la que un hombre que iba de viaje confió sus bienes a sus siervos. Segun las aptitudes de sus siervos, el hombre dio cinco talentos a un siervo, dos talentos a un segundo siervo y un talento a un tercero. El hombre entregó ocho talentos a tres sirvientes (cada talento era una suma significativa de dinero). Al regresar de su largo viaje, el hombre pidió a los tres sirvientes que diesen cuenta de los talentos que les habia confiado. Los dos primeros sirvientes explicaron que habian hecho negocios con sus talentos y habian doblado el valor de la propiedad que el amo les habia encargado; cada sirviente fue recompensado.

El tercer siervo con un talento tuvo miedo, escondió su talento y no lo puso a trabajar. No fue recompensado. La moraleja de esta parabola en lo relacionado con el liderazgo es que no debemos guardar nuestros talentos para nosotros mismos, debemos pasarlos a nuestras tribus. Los líderes que no dirigen de manera transparente y auténtica no sólo son líderes falsos, sino que también están perdiendo oportunidades de dejar un gran legado.

Notas/Reflexiones

¿ Cuales son sus rasgos de liderazgo y sus características?
¿ Que acciones va a tomar para seguir mejorando sus rasgos y características?

Notas/Reflexiones

Capítulo cuatro:
Citas y acciones de grandes líderes mundiales

"Todos somos LÍDERES, sea que lo sepas o no. Eres TU propio supervisor y, créeme, ¡eso es un trabajo de tiempo completo! Los líderes son aquellos que reclaman su poder para hacer que las cosas sucedan para beneficiarse a sí mismos y a los demás."
– Mary Frances Winters

Elegí a cinco personas famosas que me inspiran a diario para seguir creciendo como líder. A medida que crezco como persona, que busco cumplir con mi propósito, las cosas que estas personas hicieron y dijeron me inspiran cada día. Algunos son mucho más jóvenes que yo y otros ya no están con nosotros. Sin embargo, lo que todos tienen en común es que dejaron o dejarán un legado de inspiración para cientos, miles y millones de personas. Ellos cambiaron una vida a la vez. A continuación, comparto los atributos prominentes que estos líderes poseen o poseyeron, las cosas que dijeron y las acciones que tomaron para inspirar a otros, inspirar a su tribu e inspirar a naciones.

1. Abraham Lincoln – eterno estudiante, conector, carismático

"Si quieres ganar un adepto para tu causa, convéncelo primero de que eres su amigo sincero".

El presidente Lincoln era un narrador. Captaba la atención de los demás a través de la conversación, el análisis, la oratoria y el don de la comunicación. Tuvo una gran influencia en otros y fue un eterno estudiante. Puso los intereses de su país sobre los suyos y se centró en hacer lo correcto. Un aspecto del estilo de liderazgo de Lincoln con el que me siento muy identificada es la capacidad de ponerse en los zapatos de los demás. Primero debes comprender el "por qué" de los demás para que ellos puedan entender más fácilmente tu "por qué". Todas estas características provienen de alguien que vivió para aprender y amó instruirse.

2. Malala Yousafzai - coraje, humildad, compasión "Yo soy Malala. Yo soy esos 66 millones de niñas que están privadas de educación. Y hoy no estoy levantando mi voz. Esta es la voz de 66 millones de niñas".

Malala, a la tierna edad de 11 años, tuvo el coraje de iniciar un movimiento para abogar por la educación de los niños, especialmente de las niñas privadas de educación. Luchó por una causa en la que creía. Luchó por los demás, no sólo por ella misma. Cuando ganó el Premio Nobel de la Paz, habló por los 66 millones de niñas de todo el mundo. Hizo que su voz resonara por 66 millones de voces. ¿Qué puede ser más poderoso que eso? Un aspecto del liderazgo de Malala con el que me siento identificada es su coraje y el hecho de que, a una edad tan joven, sabía que la causa que perseguía no se trataba de ella, sino de su tribu. Ese es el tipo de liderazgo que deseo inspirar con este libro. Nunca se trata de nosotros, los líderes. Se trata de la misión y de los que ayudan a lograr esa misión.

3. Dr. Martin Luther King, hijo. - paz, igualdad, fe "Tengo un sueño que un día en Alabama, pequeños niños negros y pequeñas niñas negras podrán unir sus manos con pequeños niños blancos y niñas blancas como hermanos y hermanas".
El Dr. King inspiró a una nación defendiendo lo que creía sin violencia ni falta de respeto. Él verdaderamente luchó por la igualdad para todos. Sus antecedentes espirituales contribuyeron a fortalecer su liderazgo y frecuentemente incluyó citas de la Biblia para transmitir su mensaje al país y al mundo. Su don de comunicarse a través de sus discursos inspiró a mucha gente de su tiempo y actualmente me inspira a mí. Algo que admiro del liderazgo del Dr. King es cómo confió en su fe fuerte para guiar su liderazgo, y cómo inspiró a muchos a tener fe y perseverar en la causa.

4. Eleanor Roosevelt - honestidad, integridad, fortaleza

"No es justo pedir a otros lo que no estás dispuesto a hacer tú mismo".

Eleanor Roosevelt fue una mujer que luchó por muchas causas. Sus dificultades le daban fuerza y coraje. A pesar de que en ocasiones su presente y su futuro parecían sombríos, ella permaneció positiva en su movimiento. Su perspectiva positiva es uno de los rasgos principales que admiro de la Sra. Roosevelt. Ella también fue una mujer íntegra y honesta. Me identifico mucho con este rasgo de su liderazgo. La honestidad y la integridad son cualidades muy importantes para mí como líder. Algo que digo a menudo es que cuando muera, mi integridad se irá a la tumba conmigo y dejará un legado.

5. Mahatma Gandhi - agente de cambio, consciente, líder servidor

Mahatma Gandhi inspiró a muchos enseñando a la gente a liderar a través de la esperanza, la fe y el amor. En Ghandi: El hombre (*Gandhi: The Man)*, Eknath Easwaran escribió que la receta de Gandhi para el éxito se encontraba en su forma de ver las cosas. A pesar de todos los desafíos que enfrentó, buscó ocasiones en las que podía servir a otros.

Algo que me llama la atención sobre el ejemplo de liderazgo de Gandhi es que el fracaso y el éxito dependen de cómo enfrentas las dificultades. Él me inspira a no ver nada como un fracaso. Siempre se puede aprender algo de cualquier proyecto en el que te embarques, aunque no resulte de la manera que esperabas. A veces eso que tú o alguien más llama fracaso es lo que te impulsa a tu próximo nivel.

Al igual que existen líderes que inspiran, existen líderes que desmoralizan y no contribuyen a que los demás alcancen su máximo potencial o encuentren su propósito en la vida. Te animo a inspirar a tu tribu para que encuentre su "por qué" (propósito) o su "qué" (el lugar al que pertenecen). Muéstrales a través de tus acciones y palabras cómo lograr su mayor potencial y vivir el propósito de su vida.

Sigue trabajando en ti mismo mientras inspiras a otros para que no seas presa de lo que yo llamo "los líderes heridos que lastiman a su tribu". Los líderes a veces son como guerreros heridos que continúan liderando, a pesar de sus lesiones. A veces esas heridas sangran sobre sus tribus. El Dr. R. A. Vernon de la Iglesia de la Palabra (Word Church) en Cleveland, Ohio dijo que los líderes "lideramos y sangramos" al mismo tiempo. Pero ¿cómo puede una persona herida continuar liderando a pesar de estar sangrando? ¿Acaso la sangre que derraman sobre su tribu no causará más daño que bien? Como .padres, si estás herido, ¿te has detenido para revisar tus heridas y asegurarte de que no estás derramando tu sangre sobre tu familia, tu tribu?

Notas/Reflexiones

Comience a construir su legado. Anote sus propias citas y por qué cree que ayuda a inspirar a su tribu.

Notas/Reflexiones

"Somos lo que hacemos repetidamente. La excelencia, entonces, no es un acto sino un hábito".
– Aristóteles

Capítulo cinco:
Tu huella de liderazgo

Les pido a todos los líderes que consideren lo siguiente: ¿Qué tipo de líder eres? Si estás dirigiendo una compañía de la lista Fortune 500, a tu familia o a ti mismo, ¿cuál es el legado que vas a dejar? He trabajado con muchos líderes que luchan por el perfeccionismo para su propio beneficio y no para el beneficio de su tribu. Algunos líderes ni siquiera han considerado que su liderazgo es parte de su huella. Planteo este tema para destacar la importancia de tus elecciones como líder. Si estás liderando una tribu o tu familia, tener perspectiva es importante.

Como líder, tienes una visión antes de que tu tribu se identifique con esa visión. Comienzas con un objetivo en mente. Lograr que los miembros de tu tribu suban a bordo de esa visión, a la que llamaremos 'el autobús', y mantenerlos en el autobús o darte cuenta que es hora de que bajen del autobús, definirá tu huella.

¿Estás prestando atención a tu huella de liderazgo? ¿Estás exigiendo excelencia o perfección a tu tribu? Más importante aún, ¿estás exigiendo excelencia o perfección de ti mismo? Todo comienza contigo.

Lo que tu tribu diga y haga depende de y refleja tus acciones, palabras y carácter. ¿Estás haciendo un esfuerzo consciente para actuar, hablar y liderar con respeto, integridad, generosidad, humildad, confianza y actitud de servicio? Como líder, es fundamental que te centres en mejorar continuamente como persona y en mejorar tus habilidades, y en capacitar a tu equipo para que haga lo mismo. Esto es esencial para el crecimiento personal, profesional y espiritual.

Si buscas la perfección, perderás el objetivo. Buscar la excelencia te da una mayor oportunidad de éxito. Haz lo mejor que puedas. Mis más de tres décadas de experiencia en posiciones de liderazgo me han enseñado que el liderazgo requiere coraje y un espíritu indomable. Estas cualidades te permitirán tomar la iniciativa en tu vida sabiendo que la fuerza viene de tu interior. Eres un líder en la posición en la que te encuentras. No tienes que ser el presidente de la empresa o el director ejecutivo para liderar.

Tener coraje, un espíritu indomable y perseverancia te separarán del resto. ¡Solo tú puedes desarrollar tu grandeza! Una vez que posees estas características, puedes inspirar a tu tribu a que desarrollar su propia grandeza. Cuando sientas que no puedes dirigir, te animo a buscar en tu interior y dejar que tu espíritu indomable te empuje más allá de tu capacidad mental y física. Esa es la clave para correr un maratón y terminar la carrera.

"La búsqueda de la excelencia, a diferencia del perfeccionismo... no exige un sacrificio de la autoestima, ya que tiende a centrarse en el logro en lugar de en el resultado".
- Monica A. Frank, Ph.D.

Existe un poema que mantengo cerca para recordar que debo centrarme en la excelencia y no en la perfección mientras continúo en mi viaje de liderazgo. Creo que este poema, de autor desconocido, ofrece consejos sabios a cada uno de nosotros como líderes. Espero que te sirva a ti también mientras continúas en tu viaje de liderazgo para inspirar a tu tribu con lo que dices y con lo que haces.

La perfección frente a la excelencia
Autor desconocido

La perfección es estar en lo correcto. La excelencia es estar dispuesto a estar equivocado.

La perfección es miedo. La excelencia es tomar riesgos.

La perfección es ira y frustración. La excelencia es poderosa.

La perfección es control. La excelencia es espontánea.

La perfección es juzgar. La excelencia es aceptar.

La perfección es tomar. La excelencia es dar.

La perfección es duda. La excelencia es confianza.

La perfección es presión. La excelencia es natural.

La perfección es el destino. La excelencia es el viaje.

"No trates de convertirte en un hombre de éxito, procura ser un hombre de valores".
— Albert Einstein

Notas/Reflexiones

¿Ha pensado en su huella de liderazgo/ en su legado? ¿Como usted sabrá y determinará que tiene éxito en dejar su huella/ en dejar su legado? Escriba sus pensamientos aquí.

Notas/Reflexiones

Capítulo seis:
Rasgos y características de un gran liderazgo

Los grandes líderes tienen ciertas características. Para determinar si debo seguir a los líderes con los que trabajo, busco los siguientes atributos.

Los grandes líderes son visionarios. Ellos ven y comunican con frecuencia el panorama general. También incorporan maneras de mantener viva la visión.

Los grandes líderes son apasionados por su trabajo. Ellos disfrutan lo que hacen y por qué lo hacen y comparten esta pasión con su tribu. Incluso cuando la tribu necesita tiempo para entender la visión, encuentran una manera de mantener el tren moviéndose en la dirección correcta hasta que el equipo entienda la visión.

Los grandes líderes siempre lideran con integridad. Son abiertos y transparentes. Nunca lanzan su tribu debajo del autobús. En lugar de eso, saltarían delante del autobús para salvar a un miembro de su tribu (en sentido figurado). Cada vez que vas a batear por tu equipo, enseñas integridad y honestidad.

Los grandes líderes son confiables y desarrollan esa confianza a lo largo del camino. Basan todas sus relaciones de trabajo en la honestidad y la confianza. Tratan a cada miembro de su tribu con respeto y confianza. Siempre dan el beneficio de la duda.

Los grandes líderes son innovadores, tomadores de riesgos y especialistas en la reinvención que permite el crecimiento de los miembros de la tribu. Sin innovación, creatividad e ingenio la tribu no se desarrollará ni crecerá. Si no buscamos formas nuevas y mejoradas de crecer como tribu, seguiremos estancados. Sí, el crecimiento a veces puede llegar a ser incómodo, pero es necesario seguir prosperando.

"Si estamos creciendo, siempre vamos a estar fuera de nuestra zona de confort". – John Maxwell

Los grandes líderes se cuestionan sobre su tribu, se cuestionan a sí mismos y dan prioridad al cuidado propio. Buscan los eslabones perdidos con el fin de conectar los puntos e inspiran a través de su oratoria y de compartir sus experiencias. Además, desarrollan buenos hábitos como ejercitarse frecuentemente, meditar, descansar, leer e invierten tiempo en su crecimiento personal.

Los grandes líderes desafían, inspiran y motivan a cada miembro de su tribu, y así obtienen seguidores. Tienen un espíritu natural e indomable — la perseverancia está en su sangre — y están continuamente desarrollando su carácter y el de los miembros de su tribu. Por último, y quizás lo más importante, los grandes líderes construyen esperanza.

Capítulo siete:
Conclusión

Como líderes, debemos ser conscientes del impacto de lo que decimos y hacemos a nuestra tribu y delante de nuestra tribu. Nuestro trabajo es inspirar a otros a ser el cambio y enseñarles a ser líderes desde la posición en que se encuentran. No es necesario ser presidente de un país o de una organización para ser líderes. Toma como ejemplo a Malala, quien a sus 11 años promovió una iniciativa enorme desde la posición en la que se encontraba: una estudiante en dificultades. Casi perdió la vida por esta causa. Sin embargo, su creencia en la igualdad de educación para las niñas y para todos los niños era tan fuerte, que estuvo dispuesta a sacrificar su vida para que más de 66 millones de vidas tuvieran una voz. Ella reconoció que su voz podía hacer eco de 66 millones de vidas.

No importa dónde te encuentres en la cadena de liderazgo, continúa creciendo, continúa aprendiendo y continúa teniendo valor. Si no puedes encontrar el líder adecuado, conviértete en el líder. Sé el cambio que quieres ver viviendo, hablando y actuando de una manera que te inspire a ti y a tu tribu. Estás aquí para hacer una diferencia.

En resumen, ten en cuenta lo siguiente al momento de meditar sobre lo que los líderes dicen y hacen:

Escucha – concéntrate en lo que es importante; "El corazón entendido va tras el conocimiento; la boca de los necios se nutre de tonterías" (Proverbios 15:14).

Participa – impulsa a tu tribu a un nivel superior a través de la comunicación constante y la conversación.

Sé responsable - asume la responsabilidad y sigue adelante.

Sé confiable y decidido.

Capacita a los miembros de tu tribu.

Adáptate a los cambios y enfócate en los resultados.

Me encantaría saber tus pensamientos y comentarios o si este libro te ayudó de alguna manera. Si deseas obtener más información sobre la autora o sobre los programas de formación de liderazgo, consulta mi sitio web en www.corporate-gold.com, o envíame un correo electrónico a wlsad@gmail.com o ilkachavezlatam@gmail.com.

GUÍA DE BOLSILLO

La guía de bolsillo de Ilka para inspirar a otros y buscar la excelencia todos los días.

1- Comienza tu día dando gracias. Por ejemplo, crea un frasco de gratitud. Cada día, escribe las cosas por las que estás agradecido y coloca tus notas en el frasco.

2- No puedes inspirar a otros si no te has inspirado primero. Por ejemplo, muchos de nosotros luchamos por lograr una meta, como perder de peso. Comer de forma más saludable, moverte más y hacer ejercicio de manera consistente te ayudará a obtener resultados y, te inspirará. Los demás se inspirarán al ver tus resultados.

3- No puedes empoderar a otros si no te sientes empoderado.

4- Conoce tus valores. Te animo a que escribas tus valores. He memorizado mis valores. Estos son respeto, integridad, generosidad, humildad, confianza y actitud de servicio. ¿Cuáles son los tuyos? Siéntete libre de compartirlos conmigo.

5- Honra tus valores y básate en ellos... como si tu vida dependiera de ello. En el punto anterior, te animé a definir tus valores. Ahora que sabes cuáles son, te animo a honrar esos valores y dejar que te sirvan de brújula en la toma diaria de decisiones.

6- Aspira a la excelencia todos los días... preséntate como el mejor "tú". Pon tu mejor esfuerzo en todo lo que haces. Haz todo con integridad, respeto y por la razón correcta.

7- Inspírate en otros líderes, pero no te conviertas en un imitador. Siempre puedes tomar como ejemplo las características de los demás, sin embargo, por favor recuerda que eres original y que sólo hay un tú. No puedes ser otra persona y nadie puede ser tú.

8- Conviértete en el mejor amigo del cambio, ya que es la única constante en tu vida. Aprende a aceptar el cambio. Aprende que el cambio no es algo malo. Cuando surjan cambios, buenos o malos, eso significa que estás creciendo. El crecimiento es algo bueno.

9- Invierte los papeles en toda ocasión. En lugar de decir "fracasé", di "¿qué he aprendido?" ¿No es cierto que aprender es más divertido que fracasar?

10- Aprende la lección, perdona, deja ir y sigue avanzando. A medida que crezcas, evita albergar ira y resentimiento. Eso no te hace ningún bien.

11- Está siempre preparado para el crecimiento y los cambios. La superación continua es la clave. Como líderes, es fundamental hacer una pausa durante el viaje de liderazgo para reflexionar sobre las cosas que están funcionando bien, las cosas que necesitan mejorarse y las cosas que tal vez necesitamos dejar de hacer. Esto es crítico para continuar creciendo individualmente y como una tribu.

12- Está siempre preparado para el conflicto. Digo esto porque la pregunta no es "si" sino "cuando" surgirá el conflicto. ¿Estarás preparado? ¿Estará tu equipo a la ofensiva o la defensiva?

13- Aprende a mantenerte fuerte ante el conflicto. Algunos pueden pensar que si alguien les lanza un golpe deben responder igual. Sin embargo, yo gané muchas de mis victorias respondiendo con amabilidad, con respeto, con integridad y a veces simplemente permaneciendo quieta y en silencio.

14- Descubre qué es lo que más te inspira y compártelo. A medida que voy logrando mi propósito en la vida, me he dado cuenta que realmente disfruto lo que hago y comparto todo lo que sé con otros. Nunca lo he visto como un trabajo. Encuentra tu propósito y comparte libremente tu conocimiento y sabiduría con todas las personas que puedas. Eso será parte de tu legado. No guardes tus talentos para ti mismo.

15- Aprende las lecciones, enseña las lecciones, luego lidera tomando en cuenta las lecciones. Comparto con mis pupilos los muchos obstáculos que he encontrado en mi camino, ya que ellos tendrán que enfrentar sus propios baches.

16- Nunca transijas en tus valores. Aquí es donde la integridad juega un papel crucial.

17- No puedes explicar lo irracional, ¡así que déjalo ir! Muchas veces, tratamos de convencer a los demás para que compartan nuestra opinión. Simplemente debemos aprender a vivir con el hecho de que parte de ser humanos es que tenemos diferentes puntos de vista. Vivir y trabajar con personas que tienen perspectivas diferentes a las nuestras nos hacen más fuertes.

18- Si la vida te da limones, aprende a hacer limonada, y no olvides, cada limonada debe ser mejor que la anterior. Digo esto en forma de broma, sin embargo, todos, incluyendo los líderes, tendremos caídas duras o nos enfrentaremos a situaciones que no siempre irán según lo planeado. Cuando eso suceda, aprende lo que debes aprender y continúa avanzando y mejorando como persona.

19 -Busca actividades que te mantengan despierto. No te conviertas en un muerto viviente. No te quedes atascado en la rutina. Presta atención y cambia intencionalmente tus patrones para que las cosas permanezcan nuevas y frescas. Lo mundano a veces nos pone en trance

20 -Determina cuál es tu propósito si todavía no lo has encontrado ¡ Busca tu espíritu indomable y dirígelo! Sigue trabajando para encontrar tu verdadero propósito. Cuando te encuentres en ese "lugar infeliz", debes recordar que tienes que encontrar tu propósito y tu paz. Sigue buscando hasta alcanzar tu meta.

"Su señor le respondió: 'iHiciste bien, siervo bueno y fiel! Has sido fiel en lo poco; te pondré a cargo de mucho más. iVen a compartir la felicidad de tu señor!'"
— Mateo 25:23 (NVI)

REFERENCIAS

1. Brown, B. (2012). Daring Greatly. Nueva York, Nueva York: Gotham Books.
2. Economy, P. (22 de agosto de 2014). 17 Things Every Successful Leader Says Every Day. *Inc.* Obtenido de https://www.inc.com/peter-economy/17-things-every-successful-leader-says-every-day.html.
3. Maxwell, J. (1998). The 21 Irrefutable Laws of Leadership. Nashville, Tennessee: Thomas Nelson.
4. Maxwell, J. (2003). The Maxwell Leadership Bible -Lessons in Leadership from the Word of God. Nashville, Tennessee: Thomas Nelson.
5. McBean, B., Stuart, D., Nordstorm, T. (24 de enero de 2013). The 5 Characteristics of Great Leaders. *Fast Company.* Obtenido de https://www.fastcompany.com/3004914/5-characteristics-great-leaders.
6. Miller, M. (2015). Chess not Checkers: Elevate Your Leadership Game. Oakland, California: Berrett-Koehler Publishers.
7. Nayar, V. (2 de agosto de 2013). The Three Differences Between Managers and Leaders. Obtenido de https://hbr.org/2013/08/tests-of-a-leadership-transiti.html
8. Pink, D. (2011). Drive. Nueva York, Nueva York: Riverhead Books.
9. Wakefield, N., Abbatiello A., Agarwal D., Pastakia K., van Berkel A. (29 de febrero de 2016). Leadership Awakened - Generations, Teams, Science. *Deloitte University Press.* Obtenido de https://dupress.deloitte.com/dup-us-en/focus/human-capital-trends/2016/identifying-future-business-leaders-leadership.html. Traducción al español obtenida de https://www2.deloitte.com/content/dam/Deloitte/pa/Documents/human-capital/2016_PA_CapitalHumanoTrends_Esp.pdf

TESTIMONIOS

*"La escritora Ilka V. Chávez nos lleva a través de varios lentes de liderazgo de un enfoque práctico a un enfoque teórico, ilustrando cuidadosamente conceptos clave de liderazgo de expertos en el campo, que todos los líderes deben aplicar o al menos ser conscientes. Más importante aún, ella hace referencia a las escrituras bíblicas con citas claves que ponen las bases sobre cómo el Creador nos propuso liderar y vivir en un papel de liderazgo. La autora profundiza en el capítulo 3, "Lo que los líderes hacen para inspirar a sus tribus", donde describe que todos estamos en la capacidad de liderizar. Además, los principios esenciales nos ponen a todos en condiciones de volver a examinar nuestros propios roles de liderazgo. Vivimos en una sociedad tecnológica muy compleja, de ritmo rápido, donde es fácil olvidar nuestro propósito en la vida, en el lugar de trabajo y en casa. Sin embargo, la Sra. Chávez saca a la luz en un enfoque sucinto y dinámico cómo cada uno de nosotros puede utilizar los principios de su libro para crecer a nuestro propio ritmo de forma individual. He pasado varios años en un papel de liderazgo en la ciudad más grande de los Estados Unidos, y deseo tener este libro durante mi mandato. Recomiendo encarecidamente este libro, así como escuchar a esta oradora dinámica que no tiene miedo de recordarnos lo que se necesita para ser un líder eficaz en la sociedad actual." -**Gregorio Mayers - es abogado y profesor asistente de Derecho y Gobierno en el Colegio Medgar Evers de la Universidad de la Ciudad de Nueva York y es ex Asesor Principal de Políticas del ex Alcalde de la Ciudad de Nueva York Michael Bloomberg.**

"¡Como era de esperar, Ilka Chavez no sólo cumplió con mis expectativas, sino que las superó en su primer libro! Ilka enseña con el ejemplo y, como parte de su tribu, a menudo me beneficio de sus inspiraciones. LO QUE LOS LÍDERES DICEN Y HACEN está lleno de perlas de sabiduría de principio a fin. Ilka da en el clavo inspirando y alentando a todos a recordar que son líderes, incluso si no son dirigentes de una empresa de la lista Fortune 500 o si no tienen una familia. Ella anima a todos a liderar de tal manera que dejen un legado a las generaciones venideras. Si deseas establecer tu propia "huella de liderazgo", LO QUE LOS LÍDERES DICEN Y HACEN ofrece excelentes herramientas para lograrlo. ¡Es una lectura obligatoria!"– **Dalys Macon, propietaria de Divine Order y consultora de tecnología de la información**

"Todo el mundo puede convertirse en un líder siguiendo el inspirador y eficaz modelo de liderazgo descrito en este libro. La autora destaca los rasgos humanos y el buen juicio necesarios para liderar tanto en el ambiente laboral como en el ambiente familiar. ¡Apoya el talento dado por Dios a cada líder!"
– Laura Nichols, líder educativa

"Soy una líder global y creo que todos los líderes próximos y presentes en el mundo deben leer este libro. Leer este libro fue esclarecedor. La autora declaró la importancia de no permitir que la economía tome el primer lugar sobre los valores y no permitir que el ego destruya su organización o compañía. Fue un placer para mí escuchar esto. Te hace consciente de cosas negativas que puedes estar haciendo y te da pautas sobre cómo corregirlas. El libro está bien detallado sobre cómo dirigir sus organizaciones, hogares, familia y negocios. Este libro va a ser mi (Leadership Blue Print). Agradezco a la autora por haber elaborado un libro tan bien escrito que promueve el crecimiento y la excelencia en el liderazgo. **- Dra. Melida Harris-Barrow, Founder/Chief Executive Officer, Peace Ambassador for Panama World Trade & Investment Foundation, Love, Truth & Peace**

"He dirigido y orientado a personas en muchas áreas en diferentes momentos de mi vida. Cada líder necesita un líder y un mentor. Ilka es una líder y una mentora en mi vida. Ella abarca todo lo que en mi opinión debe tener un líder - vulnerabilidad, resiliencia, empatía, conciencia, introspección y ver a las personas más allá de sus faltas. El éxito se fundamenta en asegurar que otros tengan éxito. ¡Este libro y el carácter de Ilka aseguran que otros puedan tener éxito!" **– Yolanda Johnson, propietaria de Beyond Measure, LLC (una compañía de desarrollo del liderazgo)**

"Ilka Chavez nos recuerda que todas las personas están destinadas a ser líderes en su propio tiempo. A medida que leas este libro, también te sentirás inspirado por el coraje de Ilka de compartir su propia experiencia y te sentirás empoderado por su creencia contagiosa en el desarrollo de los líderes y en la construcción de la grandeza. La Sra. Chávez sabe exactamente lo que los líderes dicen y hacen porque ella

*es el epítome de la excelencia". – **Kristen Kiefer, jefe de personal de National Council on Aging***

*"Conocí a Ilka durante el verano de 1997 y hemos sido amigas/hermanas desde entonces. Al leer este libro, escrito de forma tan auténtica, me preguntaba por qué Ilka optó por usar la palabra tribu en lugar de la palabra equipo. Y entonces pensé - esta es Ilka, su amor, su corazón servicial no tiene límites. Un equipo tiene un número limitado de miembros, una tribu no. Me siento privilegiada de ser parte de su tribu y amo cómo Dios la está usando para llegar a muchas personas. Por su obediencia y dedicación, nuestro Padre Celestial le dirá bien hecho, sierva buena y fiel". – **Elisa Bracero, dirigente sénior jubilada del gobierno de los Estados Unidos y diaconisa de Light of Life Church***

"En un mundo lleno de arreglos rápidos, falta de paciencia y un deseo de alcanzar rápidamente el éxito en la carrera profesional, Ilka define lo que es el verdadero liderazgo. Como sociedad, nos hemos enfocado tanto en escalar la escalera corporativa que hemos olvidado quiénes somos y cuáles son nuestras responsabilidades con nosotros mismos, con nuestros hijos y familia, con nuestra comunidad o con nuestros empleadores. Cada vez estamos más estresados y nuestro punto de referencia para la felicidad cambia constantemente. El libro de Ilka ayuda a las personas que realmente desean cambiar. Cambiar no es fácil. Y sólo aquellos que realmente lo deseen, harán lo que se necesite para cambiar los hábitos. Nota: no cambiar el pasado o vivir con arrepentimiento. Sólo cambiar sus hábitos para que puedan cambiar su presente y, por tanto, el potencial para el futuro.

*Compra el libro. Léelo. Aplícalo. Cosecha los beneficios". – **Aleks Stefanovska, consultor en admisiones universitarias y fundador de PainFreeToCollege.com***

"Como mi muy apreciada vicepresidenta de Genius Actualizers, es un honor para mí ofrecer este testimonio sobre un libro que tantas personas han estado esperando. Conozco a Ilka Chávez desde hace tanto tiempo que parece una eternidad. Cuando la conocí, yo buscaba un experto en liderazgo especial para mi conferencia World Awakening Summit. El carisma y el resplandor de Ilka me cautivaron al instante. Su integridad, su misión de inspirar a todas las personas que conoce y a cada ser humano con sus valores y su filosofía de predicar con el ejemplo de inmediato la convirtieron en una gran amiga y en una

consejera tremendamente confiable. Estas impresiones se solidificaron aún más durante el viaje que hicimos juntos para que ella recibiera su certificación como entrenadora de maestría emocional, certificación que di con gratitud. Todas aquellas personas que elijan a Ilka como guía y entrenadora de liderazgo sentirán que han tomado una decisión que los beneficiará a largo plazo. El libro "Lo que los líderes dicen y hacen" te cautivará gracias a la inspiración, el empoderamiento y el deseo de aprender de Ilka. Les recomiendo que se conecten con ella y experimenten elevación en su vida y en sus negocios."

– Doctor honoris causa David John StClair, fundador y presidente de Genius Actualizers, entrenador de programación neurolingüística, hipnoterapeuta, autor y entrenador de vida/ ejecutivo

www.ingramcontent.com/pod-product-compliance
Lightning Source LLC
Chambersburg PA
CBHW051707090426

42736CB00013B/2583